Scherbenmosaik

Mein Leben

Katja Knapp

Scherbenmosaik

Mein Leben

Bibliografische Information der Deutschen Nationalbibliothek:

Die Deutsche Nationalbibliothek verzeichnet diese Publikation in der Deutschen Nationalbibliografie; detaillierte bibliografische

Daten sind im Internet über http://dnb.dnb.de abrufbar.

Satz, Umschlaggestaltung, Herstellung und Verlag:

BoD – Books on Demand

ISBN: 978-3-7528-0785-1

INHALT

Liebe Leserinnen, liebe Leser,

dank der professionellen Autorin Cornelie Kister, die in liebevoller Detailarbeit meine Autobiografie verfasste, hat meine Lebensgeschichte den Weg in die Befreiung geschafft.

Als Einzelstücke sind es Scherben, an denen ich mich schnitt, aber durch den sinnstiftenden, schriftlichen Aufarbeitungsprozess, ergeben sie zusammengesetzt ein Muster, ein Ganzes, ein Bild.

Genau diese Botschaft, möchte ich mit dir, liebe Leserin, und mit dir, lieber Leser, teilen.

DIE PFLICHT ZUR SELBSTWER-DUNG ODER DAS BESTE VON SICH ...

Wir alle leben bewusst oder intuitiv nach der Formel „Erfolg gleich Glück": Wenn ich erst erfolgreich bin, dann werde ich auch glücklich sein. Erfolg zu haben, Dinge zu bewältigen und etwas zu schaffen ist die Formel, die alle Menschen von klein auf lernen. Es gilt von Anfang an, gut in die Spur zu kommen, um die besten Startchancen ins Leben zu haben. Wir müssen uns bewähren, ganz vorne mit schwimmen, damit es dann – später im Leben – leicht für uns wird. Damit wir lukrative Berufe ergreifen, die Sicherheit und Anerkennung versprechen. Die uns erfüllen und ein gesellschaftliches Ansehen verschaffen. Die uns zu etwas Besonderem machen, denn nur wer besonders ist, wer heraussticht aus der Masse der Normalen, der hat die besten Chancen glücklich zu sein. Ist es nicht so?

Wenn aber alle danach streben, erfolgreich und etwas Besonderes zu sein – wie kann das funktionieren? Es können doch nicht alle oben mitschwimmen. Denn wo es ein Oben gibt, da gibt es ein Unten. Wo es die Erfolgreichen gibt, da gibt es auch die Erfolglosen. Die Welt ist so gestrickt, dass es immer zwei Seiten der gleichen Medaille gibt. Wo die Sonne ist, da ist der Schatten. Wo Glück herrscht, muss es auch Unglück geben.

Die Frage ist, wie gehen wir mit den weniger Erfolgreichen um? Genießen sie in unserem gesellschaftlichen System denn kein Ansehen und keine Wertschätzung? Sind sie verdammt dazu, unglücklich zu sein, weil ihnen der eine vorgeschriebene Weg im Leben nicht geglückt ist?

Und dann stellt sich natürlich die Frage: Was ist Erfolg überhaupt? Woran machen wir Glück fest? In einer durchökonomisierten Welt wie der unsrigen verbindet man mit Erfolg in aller Regel beruflichen Erfolg. Und beruflicher Erfolg ist zumeist mit wirtschaftlichem Erfolg verknüpft. An dem wirtschaftlichen Erfolg hängt Geld und an Geld wiederum Ansehen. Und das Ansehen ist die Währung für Glück.

Ist das so? Warum aber hören und lesen wir von den vielen Problemen und dem Unglück erfolgreicher Menschen, wohlhabender Menschen, Menschen, die Stars sind, die eine hohe Aufmerksamkeit genießen? In der Regenbogenpresse, aber auch in seriösen Medien lesen und hören wir, dass viele Menschen trotz ihres Erfolgs alkohol- oder drogensüchtig sind, dass sie in aller Öffentlichkeit abstürzen, dass sie einsam sind, dass ihre Familien zerbrechen. Kann es sein, dass der schwer erkämpfte Erfolg, die mühsam eroberte Individualität und Identität, weil wir uns heute alle erfinden und entwickeln müssen, gar nicht zu wirklicher Autonomie und Glück führen, sondern bei vielen zu Verunsicherung, Angst, Zwang und Erschöpfung?

Und wie fühlen sich Menschen, die es erst gar nicht in die Spur beruflichen Erfolgs geschafft haben, für die bereits die Schule ein aussichtsloser Kampf war, die sich abmühen, um den Einstieg in den Beruf – und wenn es nur irgendein Beruf ist – zu finden? Öffentlich liest man über diese Menschen wenig, sie leiden im Stillen, jenseits der großen Bühne allgemeiner Wahrnehmung.

Ich gehöre zu der Kategorie Mensch, denen von Anfang an alles schwergefallen ist. Ich habe mich in der Schule abgemüht, ohne Erfolge zu erzielen. Ich habe nicht die Hürden in ein befriedigendes Berufsleben genommen. Ich bin, was Schule und Beruf anbelangt, wahrhaftig auf der Strecke geblieben. Besser gesagt, ich habe über viele Jahre hinweg das Jobcasting zu meiner Strecke erklärt. Die Suche nach einem beruflichen Platz war mein Leben, die Pflicht zur Selbstwerdung geriet mir zu einer Tortur. Seit der Schulzeit war mein Leben eine Serie der Um-, Ab- und Aufbrüche, die mit viel Leid verbunden war, mit Krankheiten und einem grauenhaften Selbstbild. Davon will ich erzählen.

Es ist meine Lebensgeschichte, die ganz sicher nicht glamourös ist, die nicht von großartigen Erfolgen berichtet. Aber es ist mein Leben, über das ich schreibe. Über das ich vor allen Dingen schreiben kann, die ich zu Papier bringe für mich und für andere. Über das eigene Leben zu schreiben bedeutet, die Autorin des eigenen Lebens zu sein. Nicht, um dadurch erfolgreich zu sein und Ansehen zu gewinnen. Es hat damit zu tun, selbstwirksam zu sein, die eigene Lebensgeschichte so anzunehmen, wie sie ist. Sie nicht besser und schlechter zu machen, als sie ist. Schreiben ist Reflexion, ist Abwägen und Bewerten und es ist sinnstiftend, weil es dazu befähigt, das eigene Leben so anzunehmen, wie es ist, und nicht zu wünschen, was nicht vorhanden ist. Es befähigt zur selbstkritischen Reflexion, die Dinge so zu sehen und zu bewerten, wie sie sind, und nicht darauf zu hoffen, dass sie anders sein mögen oder hätten sein sollen.

Ich möchte meine Lebensgeschichte, meine Tour de Force durch den Dschungel der Jobsuche ausführlich erzählen – für andere. Damit meine Leserinnen und Leser Trost und Mut darin finden, denn die Welt ist mehrheitlich von Menschen bevölkert, die es schwer haben, denen es nicht leichtfällt, einen Platz im Leben zu finden. Die nicht zielstrebig ihren Weg machen und die vorgeschriebenen Bahnen Schule, Abschluss, Ausbildung, Beruf, Familie beschreiten. Ich möchte meinen Weg erzählen, der individuell ist, der einzigartig ist. So wie jeder Mensch einzigartig ist. Ein Weg, der zeigt, dass jeder das Beste aus seinem Leben machen kann. Denn das persönliche Glück führt genau über diesen Weg: das Beste aus sich zu machen. Denn das Große, so schreibt der Philosoph **Søren Kierkegaard**, ist nicht dies oder das zu sein, sondern man selbst zu sein.

MEINE SCHULLAUFBAHN
LEICHT GEHT ANDERS

Der Bildungsweg war in meinem Elternhaus klar vorgezeichnet. Der Schulabschluss mit der Matura und selbstverständlich ein Studium für die spätere berufliche Qualifikation. Eine Lehre zu absolvieren war keine Option. In dieser Hinsicht bildeten meine Eltern keine Ausnahme. Obwohl es doch vielerlei Möglichkeiten gibt, Schulabschlüsse zu erzielen, kommt für die meisten nur der höchste in Frage, ganz gleich welche Fähigkeiten und Kapazitäten die Kinder mitbringen. Von ihren eigenen Wünschen ebenfalls einmal ganz abgesehen. Ich hatte nämlich gänzlich andere Vorstellungen als meine Eltern und die Matura zählte nicht unbedingt zu den angestrebten Zielen. Mit 14 Jahren habe ich den Wunsch geäußert, eine Ausbildung zur Friseurin zu beginnen. Meine Tante in Wien besorgte mir für eine Woche sogar einen Praktikumsplatz in einem Wiener Salon, jedoch mit dem erklärten Ziel, mir diesen Wunsch gehörig auszutreiben. Ich sollte spüren, wie hart der Job ist und wieder auf den Weg zur Matura geführt werden. Sowohl meine Eltern als auch meine Tante blieben auf dem vorgezeichneten Weg, den sie für machbar und auch für das Beste hielten, selbst wenn es nur eben so ein Durchkommen war.

Was meine schulischen Möglichkeiten anbelangt, hatte ich eine wesentlich realistischere Einschätzung als meine Eltern. Ich tat mich mit dem Lernen sehr schwer und betrat schon die Volksschule mit erheblichen Defiziten. Auf der Hauptschule konnte ich noch recht gut mithalten, aber ich war ja zu Höherem bestimmt. Vier lange Jahre quälte ich mich durch das Oberstufen-Realgymnasium, bis ich im Frühjahr die Schule endgültig abbrach. Die Matura kam für mich nicht mehr in Frage. Sie war nie eine Option für mich gewesen, von Anfang an nicht. Und obwohl mein Vater andere Pläne für mich hatte, akzeptierte er meine Entscheidung, ohne Vorwürfe und Vorhaltungen. Am Ende hatte auch er erkannt, dass der gewünschte Abschluss nicht zu schaffen war.

Mein Lebensgefühl während meiner gesamten Schullaufbahn war das der dauerhaften Überforderung mit dem begleitenden Selbstbild: „Ich kann überhaupt nichts". Nur mit Mühe und Not bin ich von einer Klasse in die nächste gekommen. Doch ein dauerhaftes „Genügend" nützt einem in der Beurteilung nichts, wenn sich nicht gleichzeitig Selbstvertrauen und Zutrauen in das eigene Können aufbauen, weil man nie Erfolge sieht. Auf der Strecke blieben in der permanenten Überlastung die Lebensfreude, der Ausgleich, die Leichtigkeit. Man schickte mich zu einem schulpsychologischen Dienst und ließ mich einen Intelligenztest absolvieren. Die Reaktion des Psychologen war verheerend und zeugte nicht von psychologischem Feingefühl: Er zeigte sich überrascht, wie man bei so einem Ergebnis überhaupt in die 11. Klasse kommen konnte. Für mich war das niederschmetternd und es half auch nicht weiter, dass er das harsche Urteil revidierte, als er meine Betroffenheit bemerkte. Ich konnte als junges Mädchen nur zu dem Schluss kommen, dass ich offensichtlich zu dumm war, um die Schule bewältigen zu können. Dass ich zu dem Zeitpunkt einfach schon zu erschöpft war, auf zu vielen Ebenen frustriert und ausgebrannt, um diesen Test überhaupt bewältigen zu können, ist dem Psychologen gar nicht erst in den Sinn gekommen. Konnte ein solcher Test meine Leistungen überhaupt abbilden? Leider hatte ich diese distanzierenden Gedanken damals nicht, sondern nahm das Psychologenurteil als Bestätigung meines eigenen Selbstbildes. Auch ich stufte mich als dumm und unfähig ein. In meinen Augen hatte der Mann natürlich recht. Wie viele Eltern machen sich nicht klar, welche seelischen Zerstörungen und Belastungen in einem heranreifenden Menschen chronischer schulischer Misserfolg anrichten kann. Es begründet ein Grundgefühl des permanenten Versagens, das wie eine traurige Melodie das weitere Leben begleitet. Es kann sich nicht das entwickeln, was man als erwachsener Mensch in der komplizierten Welt so dringend braucht: Selbstvertrauen.

Der Abbruch vor der Matura im Frühjahr 2004 war zunächst ein Befreiungsschlag, dessen erleichternde Wirkung jedoch nicht lange anhielt. Denn die drängende Frage, wie es nun weitergehen sollte, stand quälend im Raum: Zwölf Jahre Schule lagen hinter mir, von einem Tag auf den anderen endete die Schulzeit. Es ging einfach irgendwie weiter. Ich frage mich heute: Wäre das nicht der Zeitpunkt gewesen, um Fehlentwicklungen in der Vergangenheit aufzuarbeiten und sorgsam Überlegungen für meine Zukunft anzustellen? Braucht ein junger Mensch mit einem solchen schulischen Leidensweg und einer großen Orientierungslosigkeit für die nächsten Schritte in die Zukunft hier nicht das begleitende, vertiefende, wertschätzende Gespräch? Und nicht einfach nur Vorschläge für weitere Maßnahmen?

IRGENDETWAS MIT MENSCHEN VIELLEICHT?

Mit Anfang 20 war ich getrieben von dem Wunsch, wie alle anderen einen klassischen Lebensweg einzuschlagen, um in das übliche gesellschaftliche System zu passen. Dazu gehörten eine Ausbildung und ein passender Job als Basis, um ein vollwertiges Mitglied in der Gesellschaft zu sein. Diesem Wunsch ordnete ich alle Überlegungen unter und war getrieben davon, einen Platz zu finden. Es galt nichts Geringeres, als meinen Traumberuf zu finden, darauf lag in meinen Jahren als sehr junge Frau mein ganzer Fokus. Der Beruf als Berufung und als unverzichtbarer Einstieg, um mich in der Gesellschaft zu verankern. Also nicht irgendein Beruf oder irgendeine Ausbildung, sondern ein Beruf, für den ich bestimmt war. Anders konnte ich es mir nicht vorstellen. Heute weiß ich, dass es mir schon damals um Sinn ging. Tatsächlich die typischen Fragen: Warum lebe ich? Was bleibt von mir am Ende? Doch was passierte? Ich jagte durch den Alltag, verzettelte mich bei der Suche nach dem passenden Job, verpatzte den Einstieg und verlor mich in einem Dauercasting. Ob die Jobs sinnstiftend waren, spielte schon bald keine Rolle mehr. Mein Leben mutierte zu einer zum Scheitern verurteilten Ansammlung angefangener und abgebrochener Jobs in dem hilflosen Bemühen, irgendwie den Einstieg ins Berufsleben zu finden.

Doch der Reihe nach: Die große Frage stand im Raum „Was tun?". Während meine ehemaligen Schulkolleginnen weiterhin die Schulbank drückten, besuchte ich diverse Kurse an der Volkshochschule Urania, um mich fit für den Arbeitsmarkt zu machen. Ich belegte Seminare zum mentalen Stressmanagement, Maschinenschreiben, mentalen Training, zu Erfolgsintelligenz, Argumentation und Diskussion.

Eine weiterführende Anregung für eine Ausbildung nach meinen Vorstellungen stellten die Kurse jedoch nicht dar. Das Ungute: Ich hatte gar keine konkreten Vorstellungen, was ich anfangen sollte. Irgendetwas mit Menschen sollte es sein. Sehr viel konkreter malte ich mir meine berufliche Zukunft zu der Zeit nicht aus. Ich war noch in einem gelähmten Zustand, unfähig, Pläne zu schmieden und Ideen auszuarbeiten. Diese Arbeit nahm mir mein Vater ab, als er von einer Messe aus Wien zurückkehrte. Er übergab mir einen orangenen Folder mit Informationen zum Beruf des „Ernährungstrainers". Ein sechs- bis achtmonatiger Lehrgang in meiner Heimatstadt Graz war dafür zu absolvieren. Mit dem Thema „gesunde Ernährung" konnte ich mich jetzt nicht unbedingt identifizieren, aber mangels eigener Ideen ließ ich mich auf die Sache ein.

Bis zum Start blieb noch freie Zeit, die ich für den Erwerb des Führerscheins nutzen wollte. Ich weiß nicht, wieso ich mir das antat, aber ich entschied mich für den Crashkurs mit viel Lernstoff innerhalb einer kurzen Zeitspanne. Das konnte nur schiefgehen. Doch, typisch für mich: Ich ließ es gar nicht so weit kommen, mit Pauken und Trompeten durch die Prüfung zu fliegen, sondern brach vorher ab. Ein zweites Mal habe ich eine wichtige Etappe in meinem Leben vorzeitig abgebrochen, streng genommen, bevor mir das Ergebnis des Scheiterns überhaupt attestiert wurde. Wie bei der Matura habe ich vorausgesehen, dass es nicht klappen würde, und wollte es zu einer Blamage erst gar nicht kommen lassen. Vor allem wollte ich nicht zusehen, wie andere es schaffen. Die Sache mit dem Führerschein nahm ich sehr schwer.

Im Sommer erhielt ich ein Engagement beim österreichischen Fernsehen im Bereich der Gästebetreuung. Es war ein leichter Job, darin konnte ich nicht versagen. Man hat die Leute für eine Live-Sendung unten am Empfang abgeholt, brachte sie nach oben in den Sondergastraum, bot ihnen etwas zu trinken an, führte sie in die Maske zum Schminken, brachte sie zum Studio und anschließend begleitete man sie wieder zum Ausgang. Die Arbeit begann um zwei Uhr mittags und endete um sieben Uhr abends, zwischendurch habe ich mit meinen Kolleginnen gesprochen, am Vormittag bummelte ich durch Wien. Es war keine Tätigkeit, die irgendeine Relevanz für eine berufliche Orientierung hatte.

Im Herbst begann ich die Ausbildung zur Ernährungstrainerin, weniger aus Leidenschaft als vielmehr aus pragmatischen Gründen. Irgendetwas musste ich ja tun. Der Folder sah nett aus, die Ausbildungszeit war zeitlich auf wenige Monate begrenzt und die Tage beschränkten sich auf Montag bis Mittwoch. Ich war der Ansicht, besser als Mathematik ist das Thema Ernährung allemal. Interessant jedoch fand ich den Beratungsaspekt. Allerdings kam mir mit dem Ende der Schulzeit, in jenen Tagen und Wochen ohne eine tägliche vorgegebene Aufgabe, die Idee, dass ich doch ein paar Kilos abnehmen könnte. Gewissermaßen eine Beschäftigung mit mir selbst, eine Möglichkeit der Veränderung meines Körpers. Es war ein Ziel, das ich mir vorgenommen habe, etwas, das ich erreichen wollte. Die Parallelität meiner Bemühungen, abzunehmen und der Beginn der Ausbildung zur Ernährungstrainerin, erwies sich dabei jedoch als kontraproduktiv. Ein Mensch, der Essen ablehnt, weil er abnehmen möchte, ist nicht gleichsam am Thema Ernährung interessiert. So konnte ich mich für diese Ausbildung nicht wirklich begeistern, ich war nicht wirklich mit dem Herzen dabei. Möglicherweise waren hier gegensätzliche Bestrebungen am Werk, die einen fruchtbaren Boden für meine spätere Essstörung bereitet haben. Dennoch empfand ich die Ausbildung als angenehm. Ich mochte die Trainerin und die Mitschülerinnen in der Kleingruppe, die teilweise wie ich 18 Jahre alt waren. Ich war jedoch keinesfalls so engagiert dabei, dass ich mir hätte vorstellen können, hier eine berufliche Perspektive zu entwickeln. Es ging darum, einen Abschluss zu schaffen. Und Alternativen hatte ich ja nicht unbedingt zur Hand.

Während ich das erste Modul zur Ernährungstrainerin absolvierte, streckte ich bereits meine Fühler nach etwas anderem aus. Innerhalb der Ausbildung gab es ja auch Prüfungen zu bestehen und für mich tat sich erneut die Frage auf: Schaffe ich das überhaupt? Ich bestand zwar mit einem Genügend, war aber getrieben von einem Plan B, um bei einem möglichen Scheitern nicht in ein Loch zu stürzen. So kam ich erneut auf meinen Wunsch der Friseurlehre zurück. Ich recherchierte nach Alternativen und stieß auf eine Ausbildungsmöglichkeit auf dem zweiten Bildungsweg in Wien. Es reizte mich, nach Wien zu gehen, denn bereits während meines Praktikums als Gästebetreuerin hatte ich über eine Freundin einen jungen Mann kennen gelernt. Mit Jungen hatte ich als ehemalige Besucherin einer Mädchenschule überhaupt keine Erfahrung, es war ein Feld, auf dem ich bislang völlig unbedarft unterwegs war.

Die Aussicht, den jungen Burschen in Wien wiederzusehen und eine Ausbildung im Friseurumfeld zu beginnen, stimmte mich optimistisch. Tatsächlich erwiesen sich die Wiener Monate als eine unbeschwerte, glückliche Zeit in meinem Leben. Es ging mir prächtig, ich war fröhlich, leicht, offen und jung. Allerdings war es nicht die Friseurlehre, die mich packte. Ich war getrieben von dem Wunsch, etwas zu erleben. Am ersten Tag meiner Ausbildung gab es Einweisungen, am Nachmittag konnte man zusehen, wie Frisuren gemacht wurden, was mich immer schon ansprach und faszinierte. Das Styling, der Geruch, das Schneiden der Haare – ich liebte das. Doch schon der zweite Tag erwies sich als ernüchternd. Fachzeichnen stand auf dem Programm. Es erinnerte mich an die schlimmsten Handarbeitsstunden in der Schule, fast noch schlimmer als Mathematikunterricht. Ich merkte gleich, das ist nicht der richtige Weg. Frustriert war ich deshalb jedoch nicht, denn ich hatte ja meine Liebesbeziehung, die zentral für mich war und die mich vollkommen ausfüllte. Im Grunde hat das eine nichts mit dem anderen zu tun, denn eine Beziehung kann kein Ersatz für einen Ausbildungsweg sein. Aber als junges Mädchen hatte ich nur noch die Liebe im Kopf. Ich ließ die

Ausbildung unmotiviert weiterlaufen und genoss mein Leben. Mal war ich anwesend, dann wieder schwänzte ich.

Immerhin schrieb ich noch die praktische Arbeit für den ersten Teil der Ernährungsausbildung. Dabei half mir mein Freund, sodass ich den Abschluss der diplomierten Ernährungstrainerin erzielte. Ich wählte das Thema Essstörung und bereitete unbewusst den Boden zu dem, was später jahrelang zu meiner Leidensgeschichte werden sollte. Das ganze Themenfeld „Ernährung" war für mich negativ besetzt und ich selbst stand überhaupt nicht hinter einer gesunden Ernährung. Ich futterte querbeet, auch viel Süßes, und kannte nicht den Wert einer regelmäßigen Ernährung. So kam es oftmals vor, dass ich mit großem Appetit einmalig große Mengen in mich hineinschaufelte. Ich folgte also keinem gesunden Ernährungsplan. Wie verlogen wäre es gewesen, andere zu beraten, obwohl ich selbst so gut wie nichts davon beherzigte?

Während all der Zeit befand ich mich in einem konstanten Modus des Grübelns: Was sollte ich anfangen? Wie konnte es weitergehen? Welcher berufliche Weg käme für mich in Frage? Ernährungstrainerin war es in keinem Fall und die Ausbildung zur Friseurin auf dem zweiten Bildungsweg hatte sich als Flop herausgestellt. Mir steckte der Abbruch der Schule und des Führerscheins in den Knochen und ich hatte nicht das geringste Zutrauen, dass ich etwas leisten könnte. Keineswegs die besten Voraussetzungen, um einen guten Einstieg zu finden.

Ich zog wieder nach Graz zurück, keineswegs motiviert oder auch nur annähernd glücklich darüber. Die Leichtigkeit aus Wien hatte ich verloren und die Bürde, einen passenden Berufseinstieg zu finden, lastete auf mir. Aufgrund meiner ständigen Nervosität und Anspannung versuchte ich immer zwanghafter, andere Dinge zu kontrollieren. Wenn ich schon nicht die berufliche Entwicklung kontrollieren konnte, dann wenigstens andere Bereiche. Mehr und mehr beschäftigte ich mich mit meinem Körpergewicht und entwickelte ein übertriebenes Bedürfnis nach Sauberkeit. Ich putzte den Boden und versuchte alles um mich herum reinlich zu halten. Das gab mir das Gefühl von Sicherheit. Dabei grübelte ich sieben Tage die Woche ununterbrochen über Berufsmöglichkeiten nach. Ich drehte mich im Kreis und konnte den Ausweg nicht finden.

Meine Tage in Graz hatten kaum Strukturen. Sie waren ausgefüllt von stundenlangem Sitzen vor dem Computer, Jobrecherchen und Schreiben von Bewerbungen. Ständig begleitet von dem Gefühl, nicht dazuzugehören, falsch und unzulänglich zu sein. Ich war überzeugt davon, ein Mensch ohne Perspektive zu sein. Nirgends Lichtblicke oder Phasen, in denen ich eine Zuversicht entwickeln konnte, das düstere Tal zu verlassen.

DAUERCASTING MEINER JOBSUCHE

Die kommenden Jahre waren geprägt von Anfängen, Abbrüchen und Umbrüchen. Manche Jobs bestritt ich gerade einmal ein paar Tage. Man sollte sie besser als Zwischenstepps bezeichnen. Andere dauerten wenige Wochen oder Monate. Einen Job für mehrere Jahre hatte ich nie. Über meine Rushhour der Jobsuche verständlich zu berichten, ist wahrlich eine Herausforderung, denn für meine Leserinnen und Leser ist es sicherlich nicht leicht, sich in dieser Kleinteiligkeit zurechtzufinden. Doch es ist wichtig, sie in dieser Parzellierung aufzuzeigen, weil sie den Leidensweg veranschaulichen, dieses hoffnungslose Verrennen in eine Sackgasse hinein auf der verzweifelten Suche, endlich in einem Job anzukommen.

ALS ICH HINTER DER BÄCKERTHEKE STAND

Eine erste Jobstation nach der Ausbildung als Ernährungstrainerin war eine Halbtagsstelle in einer Bäckerei. Kaum hatte ich mich auf die neuen Aufgaben eingestellt, wurde mir bereits am dritten Tag gekündigt. Ich sei zu langsam, hieß es. Der Vorwurf war absolut nicht angemessen. Viele Verkäuferinnen tummelten sich hinter dem Tresen und drängelten, um an die Kasse heranzukommen. Ich war neu und verhielt mich entsprechend

23

zurückhaltend. Vor allem war es mir wichtig, dass ich alles richtig und gewissenhaft erledigte. Ein solches Urteil zu fällen und mich vor die Tür zu setzen, war ein Schlag ins Gesicht. Die Kündigung traf mich sehr, zumal mir das Thekengeschäft und die Kundenbedienung Spaß gemacht haben, es war lebendig und ich genoss den Austausch mit den vielen unterschiedlichen Menschen.

FÜHRERSCHEIN, DIE ZWEITE

Als nächstes Projekt nahm ich mir erneut den Führerschein vor. Ich lernte – diesmal in einer größeren Zeitspanne – für die theoretische Prüfung und bestand im ersten Anlauf. Der Erfolg tat so gut. Nur die praktische Prüfung klappte noch nicht auf Anhieb.

Da ich von mir aus keine wirklichen Ideen für eine passende Ausbildung und einen späteren Job entwickelte, regte mein Vater eine Art berufliche Orientierungsanalyse an, die ich bei einem privaten Anbieter durchführen ließ. Es sollte herausgefunden werden, wofür ich geeignet sei, wo meine Stärken und Schwächen liegen, was zu mir passen würde. Diese Analyse brachte jedoch überhaupt nichts. Es ergab sich nur ein undifferenziertes Bild, damit konnte ich nicht weiterarbeiten. Ich fand keinerlei Anknüpfungspunkte zu irgendwelchen neuen Berufsfeldern. Aus den Angaben war einzig herauszulesen, dass ich den Bereich „Lernen" komplett negativ bewertet hatte, was natürlich stimmte. Ich wollte von theoretischem Lernen und Studieren nichts wissen, denn über viele Jahre hinweg war dieses Gebiet mit Enttäuschung und Frustration behaftet.

Meinen ersten richtigen Job trat ich noch im Sommer als Telefonistin bei einer Werbeagentur an. Die beiden Herren dieses Zweimannbetriebes waren sehr nett und meine Aufgabe bestand darin, Bewerber für Promotionjobs einzuladen. Wie bei einer gesprungenen Schallplatte musste ich ständig den gleichen Satz sagen: „Hallo, hier spricht die Katja von der Werbeagentur. Du hast dich bei uns für einen Promotionjob beworben und wir möchten dich gerne für ein Informationsgespräch einladen." Ein und derselbe Satz 40 Stunden in der Woche. Eine niederschmetternde Vorstellung, sollte ich das für den Rest meines Lebens machen müssen. Nach drei Wochen habe ich gekündigt. Auch wenn ich diesen Job später ohnehin verloren hätte, denke ich rückblickend, dass ich das nicht hätte tun sollen. Es war zwar eine repetitive Tätigkeit, aber ich konnte die Aufgabe gut bewältigen und ich war in einer festen Tagesstruktur. Es gab keinen Druck, keine Überforderung, keinen Stress. Ich hätte durchaus auf mich stolz sein können, denn dass ich den Job in der Agentur bekam, verdankte ich tatsächlich einer Fähigkeit von mir: Ich konnte mich immer gut präsentieren und verkaufen. Ich bin eloquent, habe ein gutes Auftreten, ich kann mich gut ausdrücken, sodass ich oft in die enge Auswahl kam und mir der Job zugesprochen wurde. Außerdem war ich unerschrocken, was die Organisation von Gesprächsterminen anbelangte. Ich brachte per E-Mail eine Bewerbung auf den Weg, griff zwei Minuten später zum Telefon und verabredete ein Gespräch. An Entschlossenheit fehlte es mir nicht. Meine grundsätzliche Unsicherheit, meine Überforderung, mein miserables Selbstvertrauen konnte ich in der Einstellungs- und Bewerbungsphase stets verbergen. All das trat erst zutage, wenn die konkrete Arbeit anstand und ich mich den Aufgaben stellen musste. Dann brach Panik aus und meine anfängliche Überzeugung und Ausstrahlung bröckelten. Die Kündigung in der Agentur war letztlich erneut ein von mir initiierter Abbruch, der die Spirale der rastlosen Suche sofort wieder in Schwung brachte, begleitet von einem Gefühl des Versagens. Wieder einmal habe ich nicht durchgehalten und deshalb fühlte ich mich schlecht. Später erfuhr ich, dass sich die Agentur aufgelöst hatte. Den Job hätte ich auch ohne mein Zutun verloren, was mich jedoch nicht recht trösten konnte.

FÜHRERSCHEIN, DIE DRITTE

Die freie Zeit nach diesem Job nutzte ich, um endlich mein Führerscheinprojekt abzuschließen. Ein ausgesprochen geduldiger Fahrlehrer verhalf mir zu einer glücklich bestandenen Prüfung und ich hatte nach vielen Anläufen endlich die Erlaubnis zum Fahren. Sogar die Kunst des Einparkens hatte der freundliche Herr mir beigebracht.

ALS ICH IM FRISEURSALON WAR

Die Zeit zwischen den Fahrstunden nutzte ich für zwei Schnuppertage in einem Friseursalon. Ich erinnere mich, dass mich ein leichtes Glücksgefühl an diesen Tagen begleitete. Vielleicht, weil ich meine Mutter früher immer wieder mal beobachtet hatte, wie sie sich die Haare schnitt und weil es ja schon mit 14 Jahren mein Wunsch war, in diesem Beruf Fuß zu fassen. Ich brachte den Kundinnen und Kunden Kaffee, legte Handtücher zusammen und fegte Haare beiseite. Es ging gar nicht um handwerkliche Geschicklichkeit, trotzdem fühlte es sich so vertraut und heimisch an. Die Menschen, der Geruch, all das sprach mich an. Ich wollte bei ihnen eine richtige Lehre beginnen, blieb am Ball und meldete mich immer wieder. Da ich jedoch nicht auf die geringe Chance setzen wollte, durch Hartnäckigkeit am Ende eine Lehrstelle zu ergattern, organisierte ich mir einen Ausbildungskurs zur Ordinationshilfe über den Arbeitsmarktservice. Plötzlich kam doch noch der ersehnte Rückruf des Friseursalons mit dem Angebot einer Lehrstelle! Was sollte ich tun? Meinem Teenagerwunsch nachgehen oder doch eine Ausbildung zu etwas Handfestem wie Ordinationshilfe antreten? Ich entschied mich für Letzteres, um es kurz darauf bitter zu bereuen. An den medizinischen Themen hatte ich überhaupt kein Interesse. Ich musste einen Schnellkurs absolvieren, den man bestehen musste, weil ansonsten finanzielle Kürzungen drohten. Der Druck war für mich von Anfang an unerträglich. Natürlich hätte ich mich diesem Stress nicht aussetzen müssen, denn auf die Kostenübernahme des Instituts wäre ich nicht angewiesen gewesen. Trotzdem geriet ich sogleich in Stress, was bei mir zu einer kompletten Blockade führte. Erneut ein schlimmer Misserfolg um den Preis, mir selbst den Zutritt zu der gewünschten Friseurlehre verbaut zu haben.

Der ewig gleiche Rhythmus meiner Tage nahm erneut seinen Lauf: Aufstehen in der Frühe, sofort an den Computer und die Seiten des Arbeitsmarktservice nach Jobs durchforsten. Wie eine Besessene studierte ich die Anzeigen und recherchierte. Ich war überhaupt nicht in der Lage, einmal innezuhalten, zu überlegen, in mich hineinzuhören. Ich war getrieben, gnadenlos mit mir selbst und gönnte mir keine Ruhe. Immer gehetzt von dem Gedanken, mir läuft die Zeit davon, ich muss endlich irgendwo ankommen. Ich trieb mich selbst an, rastlos auf der Suche nach einem Job. Meine seelischen Schmerzen nahmen zu und mein zwanghaftes Verhalten ebenso. Ich aß nur noch bis mittags, um dann für den Rest des Tages zu hungern. Regelmäßige Mahlzeiten gönnte ich mir nicht, schließlich musste man die sich ja verdienen. Wer aber nicht arbeitet, so meine Ansicht, der hat auch kein Essen verdient. Ich fühlte mich als Mensch ohne Daseinsberechtigung, ohne Identität. Auf irgendeine zwanghafte Weise musste ich mir eine Identität verschaffen, und wenn es die war, aus mir eine schlanke und attraktive Frau zu machen.

ALS ICH DIE HILFSKRAFT IM REFORMHAUS WAR

Eine weitere unschöne Joberfahrung erlebte ich in einem Reformhaus, wo man mich lediglich als Hilfskraft einsetzte. Es war demütigend und ich erinnere mich, wie einmal ein Herr am Laden vorbeilief, als ich gerade damit beschäftigt war, Laubblätter vom Boden zu entfernen. Sein mitleidiger Blick verstärkte das Gefühl der Demütigung. In diesem Laden hielt ich es nicht lange aus und so war ich bald schon wieder auf der Suche nach einem gelingenden Einstieg ins Berufsleben.

An einem privaten Erwachsenenbildungsinstitut belegte ich einen Kurs zur Front-Office-Managerin. Es ist ein hochtrabend klingender Name, doch letztlich war es ein simpler Kurs, für den ich nicht einmal eine Prüfung ablegen musste. Aber immerhin, schon bald wurde ein attraktiver Job angekündigt. Eine renommierte Tageszeitung suchte eine Telefonistin. Ich bewarb mich umgehend. Mit Erfolg, denn unter 50 Bewerberinnen habe ich das Rennen gemacht. Wieder einmal konnte ich durch mein Auftreten und durch meine Ausdrucksweise überzeugen. Ich bekam den Job.

Leider, muss ich sagen, denn ich zahlte einen hohen Preis für diesen kurzfristigen Erfolg. Man hatte im Vorfeld keine klaren Aussagen getroffen, welche Fähigkeiten für diesen Job erforderlich waren und welche Tätigkeiten konkret erwartet wurden. Noch ehe ich überhaupt einen Finger gerührt hatte, stellte sich heraus, dass EDV-Kenntnisse unabdingbar waren. Ich besaß aber keinerlei Kenntnisse hinsichtlich Text- und Datenverarbeitung. Office-Programme wie Word und Excel waren mir ein Buch mit sieben Siegeln. Formatvorlagen und Menükenntnisse ein unbekanntes Land. Am Computer war ich bis dato einzig und allein in der Lage, im Internet zu surfen und zu recherchieren und E-Mails zu empfangen und zu versenden. Mein neuer Job setzte jedoch voraus, kenntnisreich in Textbearbeitungsprogrammen navigieren zu können. Ich konnte es schlichtweg nicht und saß vollkommen aufgeschmissen und peinlich berührt vor dem Bildschirm, als gelte es, chinesische Schriftzeichen zu entschlüsseln. Verzweifelt rief ich meinen Freund an, aber ein Crashkurs übers Telefon war ein aberwitziges und aussichtsloses Unterfangen. Es half alles nichts: Ich musste – so leid es mir bei diesem seriösen Arbeitgeber auch tat – die Karten auf den Tisch legen und meine Unkenntnis einräumen. Bei einem Kaffee sprach ich mit meinem Vorgesetzten und ich kann mich glücklich schätzen, dass er mich respektvoll behandelte. Noch bevor ich als neue Mitarbeiterin offiziell angetreten war, nahm ich am Ende des ersten Tages bereits wieder Abschied. Was für eine schmachvolle Angelegenheit und welch große Enttäuschung für mich.

ALS ICH EMPFANGSDAME WAR

Als Stehauffrau hatte ich mittlerweile eine traurige Routine. Nicht, dass es mir nichts mehr ausmachte. Aber ich pendelte mich auf einem niedrigen Stimmungsniveau und Selbstwertgefühl dauerhaft ein. Mein Bild von mir verfestigte sich: Ich bin zu nichts zu gebrauchen, ich gehöre nirgends dazu, ich kann nichts. Aber dennoch gab ich nicht auf, sondern machte immer weiter im Jobkarussell. So wurde ich zur Empfangsmitarbeiterin. Diesen Job übte ich sagenhafte sieben Monate aus, für mich eine noch nie erreichte Ewigkeit. Ich musste einfache Aufgaben bewältigen: Besucher anmelden, das Telefon bedienen und Anrufe weiterleiten. Schlichte Tätigkeiten einer Bürokraft am Empfang. Es war eine Teilzeitstelle, die ich mir mit einer Kollegin teilte. Über sie hieß es, dass sie bereits meine Vorgängerin herausgemobbt hatte. Sie war auf dem besten Weg, mit mir das Gleiche zu veranstalten, dabei war ihr Verhalten ambivalent

30

und für mich schwer einzuschätzen. Einerseits ging sie vertraulich mit mir um und sprach mit mir über familiäre Probleme. Andererseits war sie reserviert und kühl. Ich war auf der Hut. Erneut brodelte das Gefühl hoch, nicht am richtigen Platz und vor allem nicht willkommen zu sein. Wenn ein Mensch ständig gegen ein schlechtes Grundgefühl arbeiten muss, stellen sich zunehmend körperliche Beschwerden ein. Eine kranke Seele schwächt den Körper. So traten in dieser Zeit mehr und mehr psychosomatische Probleme auf. Ich litt an Tinnitus, hatte Herzrasen, Schlafstörungen und Angstattacken. Ich war nicht mehr in der Lage, diese vielen Probleme allein zu bewältigen, und nahm psychotherapeutische Hilfe an. Eine Therapeutin „coachte" mich während dieser schwierigen Monate, bestärkte mich im Umgang mit meiner unterkühlten Vorgesetzten, gab mir Methoden des Stressmanagements an die Hand, um die Anspannung und Nervosität während der Arbeitstage in den Griff zu bekommen.

Jobs ohne Ausbildung haben stets das Problem, dass die Einführungen unzureichend sind. Man wird ins kalte Wasser gestoßen, was manche vielleicht gut finden. Menschen meines Schlages jedoch versetzt das in Angst und Schrecken begleitet von lähmenden Versagensängsten. Wieder einmal kam ich mir vollkommen blöd und inkompetent vor. Das Telefon klingelte in einer Tour, ständig gab es Anfragen zu Bestellungen oder Reklamationen, Menschen wollten verbunden werden, beschwerten sich über dieses und jenes. Ich musste die Leute durchstellen oder in Warteschleifen geben, dabei hatte ich anfangs noch keinerlei Gespür für das Unternehmen. Während in einem fort das Telefon bimmelte, musste ich Essenscoupons aushändigen und mit Wechselgeld umgehen. Und das bei meiner Rechenschwäche! Multitasking war gefragt, eine Fähigkeit, die mir überhaupt nicht lag. Ich kann die Dinge nacheinander erledigen, dafür jedoch sorgfältig. Doch damit konnte ich hier nicht punkten. Die Gleichzeitigkeit und Hektik überforderten mich, was meiner Vorgesetzten und Kollegin nicht verborgen blieb. Ich wurde zum Gespräch gebeten und beide attestierten mir, mein Problem sei in erster Linie meine Persönlichkeit. Ich war schockiert. Aber teilten sie mir wirklich etwas Neues mit? Ihr harsches Urteil deckte sich genau mit meinem eigenen Bewertungsmuster und entsprach meinem Selbstbild. Sie hegten keinerlei Wertschätzung für mich und ich teilte ihre Ansicht. Heute kann ich gnädiger mir selbst gegenüber sein und sehe das Urteil der beiden als unfair an. Eine Hilfskraft, die keinerlei umfangreiche Einschulung erhält, kann nicht vom ersten Tag an kompetent am Empfang der Zentralstelle alle Aufgaben zur vollen Zufriedenheit erledigen. Es ist diese Ungnädigkeit in der Arbeitswelt, die Menschen über Gebühr belastet, die viele unter Druck setzt und zu Burn-out und Versagensängsten führt. Ich frage mich, muss das sein? Würde die gesamte Wirtschaft zusammenbrechen, wenn man das Tempo ein wenig drosseln würde, zumindest bei denjenigen, die erst am Anfang eines Jobs stehen? Hätten mich meine Vorgesetzte und meine Kollegin umsichtiger eingeführt und mir die komplexen Strukturen des Unternehmens umfassend erklärt – die erwarteten Aufgaben hätte ich mit der Zeit zufriedenstellend, freundlich und umsichtig erledigt. Was verlangt wurde, war ja kein Hexenwerk.

Sieben Monate hielt ich es dort aus. Eine leidvolle Lebensphase, in der ich Bücher über Angststörungen las und immerhin lernte, dass Ängste in Wellen kommen und gehen. So zählte ich die Stunden, die ich noch durchhalten musste, bis ich wieder in meine Therapiestunden gehen konnte. Doch nach zermürbenden Monaten kam auch meine Therapeutin zu dem Schluss, dass meine Gesundheit wichtiger sei und ich den Job kündigen solle.

ES REICHT: BLOß KEINEN BÜROJOB MEHR

Besser wurde es in meinem Leben nach der Kündigung nicht, sodass ich mich weiterhin viel mit meinem Äußeren beschäftigte. Ich kontrollierte in einem fort das Essen und meinen Körper, verwendete Zeit und Energie für den Look meiner Haare, als gäbe es nichts Wichtigeres in meinem Leben. Die Optik war der einzige Bereich, wo ich Wirkung erzielen konnte, wo ich wahrgenommen und gesehen wurde. Natürlich war mir vollkommen klar, dass ich mit der gesteigerten Aufmerksamkeit auf mein Äußeres keines meiner Probleme wirklich lösen konnte, dennoch betrieb ich tagein, tagaus den gesamten Zinnober. Die äußere Hülle wurde zu meiner Persönlichkeit, im Inneren herrschte Ödnis. Ich war wie eine Puppe, die hübsch anzusehen war, die bestaunt wurde, innen aber völlig hohl.

Nach der schlechten Erfahrung als Empfangsmitarbeiterin wollte ich keine klassische Bürotätigkeit mehr übernehmen und orientierte mich neu. Ich wollte endlich etwas machen, wo ich wirklich mit Menschen zu tun hatte und

so absolvierte ich eine Ausbildung zur Sozial- und Berufspädagogin. Ich hätte gern Männer und Frauen im Bereich
beruflicher Neuorientierung beraten, denn in dem Metier
kannte ich mich bestens aus. Doch wirkliche Grundlagen,
die mich für den Bereich Sozialpädagogik befähigt hätten,
wurden nicht vermittelt. Die Ausbildung bestand lediglich
aus Wochenendkursen, die ich alle 14 Tage belegte. Das
private Institut hatte nicht im Ansatz den Stellenwert einer wirklichen Akademie, auch wenn mit hochtrabenden
Befähigungen geworben wurde. Man sollte unter anderem angeblich in der Lage sein, Kinder in Kindertagesein-
richtungen zu betreuen. Aber die seltenen praktischen
Übungen konnten unmöglich eine Sozialpädagogin aus
mir machen. Zudem galt es verschiedene Praktika zu absolvieren. So war ich in einer Jugendberatungsstelle, wo
man mir gleich sagte, dass ich ohne Studium in keinem
Fall als Beraterin für junge Menschen arbeiten könne. Ich
habe auch selbst sofort erkannt, dass die Arbeit mit Ju-
gendlichen absolut nicht meine Sache ist. Viele Jugendli-
che hatten schwerwiegende Drogenprobleme, denen ich
mich nicht gewachsen fühlte.

Parallel zu meiner Ausbildung streckte ich erneut meine
Fühler aus und absolvierte ein Praktikum im administrativen Bereich, genauer gesagt im telefonischen Kun-
denservice. Leider eine schreckliche Erfahrung, denn
dort riefen auch Leute an, die üble Beschimpfungen
losgelassen haben. Eine Mitarbeiterin, vor ihrem Burn-
out, hatte einmal einen Mann in der Leitung, der ausfal-
lend ins Telefon brüllte: „Geh scheißen oder ich komm
rüber und erschieß dich!" Auch ich erlebte während der
kurzen Zeit meiner Beschäftigung als Praktikantin einen
wütenden Anrufer, der so laut ins Telefon brüllte, dass

ich den Hörer von mir weghalten musste. Ich habe umgehend das Büro aufgesucht und um meine Praktikumsbestätigung gebeten, denn allein diesen Anrufer mitzuerleben reichte mir.

Während der zermürbenden Wochenendkurse zur Sozial- und Berufspädagogin blieb mir genügend Zeit für meine gedankliche Dauerspirale: Was fange ich Sinnvolles mit mir und meinem Leben an? Ich hatte die Idee, eine Ausbildung als Rezeptionistin zu machen, wofür ich jedoch dringend meine Computer- und Englischkenntnisse aufbessern musste. Also belegte ich einen Computergrundkurs, den ich sogar erfolgreich abschloss, und frischte meine Englischkenntnisse auf.

ALS ICH IM REISECENTER WAR

Ich war Profi im Auffinden von Aushilfsjobs geworden, mir entging so schnell nichts und ich war fix mit meinen Bewerbungen. So stieß ich auf eine befristete Stelle als Bürohilfskraft in einem Reisecenter – obwohl ich doch eigentlich nie mehr als Bürokraft arbeiten wollte. Aber hier handelte es sich um eine wirklich einfache Tätigkeit, für die ich nur einmal in der Woche antreten musste. Meine Aufgabe bestand darin, Leuten, die von einer Reise zurückgekehrt waren, eine handgeschriebene Karte mit persönlichen Grüßen vom Reisebüro zu schicken. Ich schrieb immer den gleichen Text auf die Karte, der dann an alle Kunden versandt wurde. Es mag sonderbar klingen. Aber die Arbeit hat wirklich Glücksgefühle in mir ausgelöst. Es war eine regelmäßige, gleichförmige Tätigkeit, niemand erwartete Unmögliches von mir, ich war nicht überfordert und verspürte keinerlei Druck. Ich verschickte einfach nur schöne Grüße, fragte nach, ob den Kunden die Reise gefallen habe und fertig. Es war die erste Stelle in meinem Leben, die ich nicht vorzeitig abgebrochen habe und die mir sogar eine Erfahrung bescherte, die wichtig für mein geschundenes Selbstbewusstsein war: Im oberen Büro saß eine Mitarbeiterin, die mich zu gern für alle möglichen Tätigkeiten einspannen wollte, obwohl sie dazu eigentlich nicht berechtigt war. Sie bestand darauf, dass ich draußen am Fenster mit einem Schaber alte Werbeaufschriften herunterkratzte und dabei gerieten wir aneinander. Sie bemerkte irgendetwas Abwertendes zu mir und erstmals konterte ich ausgesprochen schlagfertig: „Hier haben Sie den Schaber und jetzt zeigen Sie mir, dass Sie es besser können!" Sie verstummte augenblicklich. Keine Sekunde hat sie damit gerechnet, dass eine junge Frau, zudem eine befristete Aushilfskraft so selbstbewusst und keck auf ihre Schikane reagierte. Natürlich war ich innerlich in heller Aufruhr, denn es war eine Premiere in Sachen Selbstverteidigung. So etwas hatte ich noch nie gewagt und ich befürchtete das Schlimmste. Kerzengerade bin ich von dannen marschiert und wartete auf das Ende der Mittagspause meines Chefs. Ich brachte mich in Stellung und redete mir selbst gut zu: „Egal, was der jetzt sagt, ich lass mir das nicht gefallen!" Ich kochte vor Wut und war wild entschlossen, mich zu wehren. Der Chef kam zurück, hörte sich meine Version an und meinte: „Frau Knapp hat recht. Sie ist als Bürokraft eingestellt, Putzen zählt nicht zu ihrem Aufgabenbereich." Damit hatte sich die Sache erledigt. Ich war so stolz auf mich. Endlich hatte ich einmal etwas richtig gemacht, bin für mich eingestanden und habe nicht gekuscht. Es war ein Schlüssel-erlebnis, aus dem ich für die Zukunft viel gelernt habe.

Nach zwei Monaten lief die Stelle aus und ich war erneut auf der Suche nach einer neuen Tätigkeit. Mittlerweile war mein Jobhopping zu einem Automatismus geworden. Mir war vollkommen bewusst, dass diese Gelegenheitsjobs keine ernsthafte und auf Dauer angelegte Berufstätigkeit ersetzen würde. Ich steckte jedoch in einem Teufelskreis. Ich brauchte – um nicht völlig aus der Bahn zu geraten – eine Beschäftigung, welcher Art auch immer. Gleichzeitig hielten mich diese wahllosen Beschäftigungen davon ab, mich ernsthaft mit einer nachhaltigen Ausrichtung meines Berufswegs zu befassen. Ich steckte in einem Dauercasting und einer Job-Rushhour.

ALS ICH FÜR EINEN FRÜHSTÜCKSDIENST ARBEITETE

Die nächste Jobgelegenheit führte mich zu einem Frühstücksdienst, den ein ehemaliger Leistungssportler als Start-up-Unternehmen gegründet hatte. Jeden Morgen wurden seine Kunden mit Frühstücksgebäck beliefert. Ich hatte täglich von morgens bis mittags zu tun und war nach kurzer Zeit einmal mehr überfordert. Ich musste die Bestellungen im System eingeben, was bis mittags zu erfolgen hatte, damit am kommenden Tag geliefert werden konnte. Da ich das Pensum nicht innerhalb der bezahlten Zeit absolvieren konnte, erschien ich jeden Morgen eine Stunde früher am Arbeitsplatz. Oft verstand ich die Sprachbox-Nachrichten akustisch nicht, was die Leute per Mobiltelefon bestellen wollten, und brauchte deutlich länger, um alle Angaben in das Computersystem einzupflegen. Es war erneut ein Kampf gegen die Zeit und gegen die Vielfalt der Kundenwünsche, was mich unter Druck setzte. Und unter Druck wollte mir nie etwas Rechtes gelingen, sodass ich nach Beendigung der Probezeit von zwei Monaten die Stelle wieder kündigte.

ALS ICH DATENEINGABEKRAFT WAR

Das Jobrad drehte sich nur kurz weiter und schon tauchte das nächste Angebot auf. Es wurde für den befristeten Zeitraum von sechs Monaten eine Stelle als Dateneingabekraft ausgeschrieben. Diesmal bestand sogar die Aussicht auf einen dauerhaften Arbeitsvertrag. Ich verbrachte halbe Tage in Büroräumen neben dem Labor, in einen weißen Kittel gekleidet, und habe Patientendaten in den Computer eingegeben. Die Arbeitsatmosphäre war alles andere als angenehm, ich war umgeben von Kolleginnen, mit denen ich zwischenmenschlich überhaupt nicht auf einer Wellenlänge lag. Außerdem stand ich häufig unter Stress, wenn viele Patientendaten eingegeben werden mussten. Dazu kam, dass mich die Arbeit inhaltlich überhaupt nicht interessierte. Das ganze Gesundheitsthema war einfach nicht meins. Erneut versuchte mich meine Therapeutin durch die Zeit zu „coachen". Oft saß ich noch vor Arbeitsantritt verzweifelt neben meinem Spind und wusste nicht, wie ich den Tag bewältigen sollte. Nach der Arbeit kehrte ich dann erschöpft und ausgelaugt nach Hause, nicht selten auch wütend über mich und mein verkorkstes Leben. Nach sechs Monaten war klar, dass ich den Vertrag nicht verlängern würde. Mir ist das halbe Jahr wie eine Ewigkeit vorgekommen und ich war immerhin froh, dass ich wenigstens die Probezeit durchgestanden hatte.

Auch in diesem Moment führte das Ende des Jobs nicht dazu, dass ich mich besser fühlte oder mich endlich einmal in Ruhe darauf besann, was ich denn wirklich beruflich im Leben anfangen wollte. Ich verharrte in einem Tunnel, in dem es nur in eine Richtung ging: zum vermeintlichen hellen Ausgang irgendwo ganz am Ende der dunklen Röhre. Mein Leiden setzte sich fort, es gab kaum einen Tag, an dem ich mich gut fühlte. Auch an den Wochenenden war ich in einer schlechten Verfassung, denn das Grübeln über meine Zukunft kannte keine Pausen. Grübeln war meine Hauptbeschäftigung. Schon wenn ich morgens aufwachte, hatte ich keinen Schwung und keinen Optimismus, der mir aus dem Bett half. Im Gegenteil: Die ersten Gedanken waren: „Wieder ein Tag, den ich irgendwie bestehen muss." Tröstlicher waren die Abende, wenn ich mit den Gedanken, was ich am nächsten Vormittag alles essen werde, schlafen ging. Alles war nach innen gerichtet, von außen ließ ich nichts Positives auf mich einwirken oder mein Herz berühren. Kein strahlender Tag und keine erfreulichen Ereignisse konnten mich aus meinem Grübeln und meinen selbstzerfleischenden Gedanken holen. Ich war isoliert, eingeschlossen in meine immer gleichen Probleme und in mein Leiden. In mir hatte sich die tiefe Überzeugung festgesetzt, dass es erst aufhören würde, wenn ich einen passenden Job gefunden hätte, der zu mir passte. Dann würde auch für mich das Leben anfangen. Somit existierte auch die Außenwelt nicht und ich kannte keine anderen Themen als mein Unglück.

KURZE ORIENTIERUNGS- UND OPTIMIERUNGS-PHASE FÜR DEN NÄCHSTEN ANLAUF

Bevor ich die nächsten Angebote im Internet durchforstete, verordnete ich mir einen Berufsorientierungskurs. Dieser Kurs lief über mehrere Wochen und man sollte Bewerbungen für passende Berufe schreiben. Das begleitende Praktikum führte mich ins Berufsinformationszentrum. Mit der Jobsuche kannte ich mich bestens aus und fühlte mich wohl dabei, andere Menschen zu beraten. Leider konnte ich dort nur ein Praktikum absolvieren, ohne Aussicht auf eine Anstellung.

ERNEUTES COACHING UND AUFBRUCH ZU NEUEN JOBS

So ließ ich mich erneut coachen, um vielleicht erneut als Empfangsdame arbeiten zu können. Mit den aufgefrischten Kenntnissen wandte ich mich für eine Jobvermittlung an ein Personalleasingunternehmen. Sie vermittelten mich für den Empfang. Es war ein technisches Unternehmen, mit dem ich mich – ähnlich wie mit den Gesundheitsthemen – überhaupt nicht identifizieren konnte. Es wurde erneut ein kurzer Auftritt, denn ich blieb nur eine Woche.

Also belegte ich erneut einen Jobsuchekurs und kam anschließend bei einem Personalleasingunternehmen am Empfang unter. Inhaltlich passte die Firma zu mir. Der Bereich berufliche Orientierung war mein Themenfeld und ich traf mit Menschen zusammen, die wie ich waren. Sie suchten einen Job und hofften auf Vermittlung.

Diese Arbeit hatte mit Menschen zu tun, sie war lebendig und konstruktiv. Obwohl ich nur als Aushilfskraft im Unternehmen engagiert war, erkannte man rasch, dass ich in diese Position hervorragend passte. Ein so positives Feedback hatte ich selten erlebt!

Aber im Laufe des Sommers spitzten sich meine gesundheitlichen und seelischen Probleme zu, denn zu allem Unglück – oder sollte ich treffender sagen, wegen all meines Unglücks – ging auch meine Beziehung in die Brüche. Ich hatte stark abgenommen, denn immer noch aß ich nur bis mittags und hungerte für den Rest des Tages. Ich war entkräftet, dünnhäutig und nicht mehr in der Lage, auch nur irgendeinen Job – und sei es der simpelste auf der Welt – auszuführen. Ich musste meine Stelle als Empfangsdame in dem Personalleasingunternehmen kündigen, es ging nicht mehr. Ich bedauerte das zutiefst, denn tatsächlich war es nach der positiven Erfahrung im Reisecenter der zweite Job, der sich für mich richtig angefühlt hatte, der mich beflügelte und nicht niederschmetterte wie all die anderen Jobs.

DIE ERSTE KRISE

In der Vehemenz hatte ich es selbst nicht erwartet, doch die Trennung löste eine tiefe Krise in mir aus. Ich stürzte ins Bodenlose und flüchtete mich in eine Klinik, um die nächste Zeit irgendwie zu überstehen. Ich war zu nichts mehr in der Lage und hoffte, dass mir das Programm helfen würde, meine leeren Tage zu gestalten. Mehrere Wochen war ich in der Obhut der Klinik, wobei ich nicht behaupten kann, dass meine zerborstene Psyche dort wirklich wieder aufgerichtet worden wäre. Es klingt absurd, aber ausgerechnet in der Klinik, in der ich neue Kraft schöpfen wollte, brach meine Essstörung so richtig aus. Durch die Trennung war ich vollkommen aus der Spur geraten, sodass ich außer Schokolade (der Klassiker bei Liebeskummer!) kaum noch aß. Eine Reaktion, die eigentlich in einer akuten Leidensphase normal ist. In der Absicht, mir zu helfen, appellierten die Ärzte an mich, endlich wieder wie eine erwachsene Frau zu essen, denn meine Appetitlosigkeit war auffallend. Dieser permanente Appell lenkte meine Aufmerksamkeit erst recht auf das Essthema und löste eine komplette Gegenreaktion aus. Das Hungern konnte ich in meinem System nutzen, um mein leeres Inneres zu stabilisieren, denn Hungern war ja eine Aufgabe, die bewältigt werden musste. Die Essverweigerung war mir ein Werkzeug, um von meinem bohrenden Schmerz abzulenken und ihn zu unterdrücken. Denn Hungern erfordert ein hohes Maß an Disziplin und Selbstbeherrschung. Obwohl ich mich damit körperlich schädigte, fand ich seelisch in der Essstörung Halt und Selbstkontrolle.

Zurück in die Jobmühle

Ewig konnte ich mich nicht vor meinem Leben in der Klinik verstecken. Ich musste mich dem Alltag stellen und vorsichtig wieder Fuß fassen in der beruflichen Thematik. Angeschlagen, wie ich war, kamen normale Aushilfsjobs nicht in Frage und auch die grundsätzliche Frage, welcher langfristige Beruf für mich passend wäre, war gegenwärtig kein Thema. Ich war vielmehr in einem Rehabilitationsmodus, um mich langsam wieder aufzurichten. So belegte ich zunächst Kurse für Menschen, die wie ich gesundheitliche Probleme hatten und den beruflichen Wiedereinstieg in den zweiten Arbeitsmarkt finden wollten. In dieser Zeit legte ich zum ersten Mal eine Mappe an, die all meine beruflichen Stationen dokumentierte. Diese Maßnahme hatte für mich etwas enorm Ordnendes. Zusammen mit einem Kompetenzportfolio ging es darum, meine Brüche zu bewerten und positive Rückschlüsse daraus zu ziehen, um meine Potentiale auszuloten. Ich begann also wieder ganz zaghaft, mein bisheriges Leben nach der Trennung zu sortieren. Dabei half der Blick zurück auf mein bisheriges Leben, das ich selbst als chaotisch und bruchstückhaft erlebte. Das Zusammentragen war konstruktiv, um aus einem distanzierten Blick heraus mein Leben zu erkennen. Für weitere Unterstützung bei diesem Prozess ließ ich ein Clearing durchführen und absolvierte ein Praktikum in einem Nahversorgungsgeschäft, in dem Menschen mit finanziellen Problemen vergünstigt einkaufen konnten. Diese Maßnahme sollte meine Arbeitsfähigkeit zeigen. Das Clearing brachte jedoch nichts, denn es führte mich nicht aus den gewohnten Bahnen der Jobsuche, an denen ich zunehmend Zweifel entwickelte. Nach zwei Wochen brach ich es ab.

Ich war seelisch in einem verheerenden Zustand, vollkommen wund und ohne Zukunftspläne oder Ideen, wie ich meinem Leben eine echte Wende geben könnte. Das war die Zeit, in der ich mich zum ersten Mal besonders tief ritzte. Trotzdem musste es irgendwie weitergehen. Also belegte ich erneut einen Orientierungskurs, der mich zu einer Call-Center-Agent-Ausbildung führte.

Der Kurs dauerte einige Monate und ich hielt ihn sogar durch, was eine Leistung war, wenn man meine damalige Verfassung mit bedenkt. Ich steckte tief in meiner Essstörung, nahm mittlerweile täglich eine gewaltige Dosis Abführmittel zu mir und musste demzufolge ständig die Toilette aufsuchen. Auf meinem Tisch lagerten Lebensmittel, ich bekam regelmäßig Heißhungeranfälle, die ich sofort wieder mit Abführmitteln bekämpfte. Meine Probleme ließen sich nicht verstecken. Ich war auffallend dünn und sah elend aus, dennoch stufte ich mich selbst keineswegs als krank ein. Dass ich mich sonderbar verhielt und einen Ess-Spleen hatte, konnte ich gelten lassen. Dass die Essstörung jedoch das Ausmaß einer Krankheit und Ausdruck meiner psychischen Leiden war, erkannte ich damals nicht. Außerdem redete ich mir ständig ein, dass ich alles unter Kontrolle hätte und, wenn ich nur wollte, sofort wieder vernünftig essen könnte. Was für eine Selbsttäuschung! Wenn dem so gewesen wäre, hätte ich eine Gewichtszunahme akzeptieren müssen, sobald ich einmal normal aß. Diese Vorstellung war jedoch unerträglich. Momente, in denen ich mich dem Essen hingab, wurden sofort bestraft, um möglichst schnell die überzähligen Kalorien wieder loszuwerden. All das waren mir jedoch keine Signale, die Essstörung als das zu erkennen, was sie war: eine Krankheit.

Diese klare Sicht auf mich durch einen nüchternen Blick in den Spiegel vereitelte auch ein Foto in einer Frauenzeitschrift. Ich habe ein großes Faible für Frauenmagazine, beteiligte mich immer gern an Aufrufen für Leserinnenbeiträge oder Bewerbungen für ein Umstyling, schrieb initiativ Leserbriefe und dergleichen. Über die Zusage für ein Fotoshooting in einer Zeitschrift, die österreichweit erscheint, war ich folglich überglücklich. Das Umstyling war „perfekt", ich wurde sogar mit dem deutschen Model Nadja Auermann verglichen. Bei einer Größe von 1,75 Zentimetern wog ich 48 bis 50 Kilogramm, war knochig und markant. Die Haare waren kurz geschnitten und „strawberry-blonde" gefärbt. Das gesamte Styling, der vermeintlich lässige Habitus und die Art, wie ich fotografiert wurde, machten aus mir eine Andere. Eine, die mir selbst fremd war, die ich nicht einmal entfernt mit mir in Verbindung brachte. Es war, als wollte ich mit dem Bild eine Botschaft verkünden: „Da, schaut her! Da ist sie, die ehemalige Versagerin. Jetzt erstrahlt sie in neuem Glanz." Doch wer glaubt, das perfekte Bild löste in mir den Wunsch aus, es beruflich nun mit Modeln zu versuchen, der irrt. Ich konnte zu der abgebildeten Person keine Verbindung herstellen. Ich wusste, wie hoch der Preis für das magere Aussehen war. Aber bei meiner Essstörung ging es ja nie um das Magersein aus ästhetischen Gründen, damit ich schön und attraktiv aussähe. Mein Hungern hatte andere Gründe, und so konnte ich beim Anblick des Bildes auch nicht stolz auf mich sein. Im Gegenteil, ich verspürte eine große innerliche Distanz: Hier das vermeintliche Model als reine

Fassade und da die eigentliche Katja Knapp – schwach, ohne Selbstwertgefühl, abhängig in einer leidvollen Affäre ohne inneren Halt.

DIE ZWEITE KRISE

In einer Verzweiflungstat – nicht wissend, wie ich meinen Selbsthass bändigen sollte – bekam ich eine fürchterliche Essattacke. Ich stopfte wahllos alles Mögliche in mich hinein, und da ich mich so elend fühlte, gleich hinterher noch eine Unmenge an Antidepressiva. Es war kein gezielter Selbstmordversuch, sondern ein Akt der Verzweiflung. Es erschien mir alles so sinnlos und ich war von einer grenzenlosen Gleichgültigkeit erfasst. Als mir dann aber klar wurde, welche Menge an Tabletten ich eingeworfen hatte, wurde ich panisch und rief meine Schwester an, woraufhin ich in das Landeskrankenhaus eingeliefert wurde. Dort kettete man mich zur Sicherheit ans Bett und nahm mich stationär auf. Am nächsten Tag wurde ich mit dem Krankenwagen in die Landesnervenanstalt gebracht, das übliche Prozedere bei Selbstmordversuchen. Dem Leiter dort erklärte ich umgehend, dass es sich um ein riesiges Missverständnis handele, denn ich hätte keinen Selbstmordversuch verübt. Ich habe mich nur betäuben wollen, um einfach nichts mehr zu fühlen. Zum Glück akzeptierte man meine Erklärung und stimmte der Entlassung zu.

Dieser Absturz war der Tiefpunkt in meinem Leben. Ich war vollgestopft mit Essen und Antidepressiva, abgefüllt mit flüssiger Kohle als Entgiftungsmaßnahme. Ich fühlte mich fett, aufgeschwemmt, ungewaschen, hässlich.

Kurze Zeit darauf bekam ich eine schlimme Brustentzündung mit hohem Fieber und unerträglichen Schmerzen. Erneut wurde ich ins Krankenhaus eingeliefert, da mir das Antibiotikum per Tropf injiziert werden musste. Die Brustentzündung war eine körperliche Reaktion auf meinen verheerenden psychischen Zustand: das permanente Gefühl der Unzulänglichkeit, der Trennungsschmerz und die chronische Erschöpfung aufgrund der Essstörung und des Konsums der Abführmittel. Mein Körper setzte sich zur Wehr. Während ich dreimal täglich an den Tropf gehängt wurde und am Ende meiner Kräfte war, stellte sich jedoch zum ersten Mal ein lebensrettendes Gefühl ein: Mir wurde bewusst, was ich in der Lage war auszuhalten. Es ging mir miserabel, aber ich konnte es aushalten. Ich war immer noch da und ich war so stark, das alles zu ertragen. Vielleicht war dieser Tiefpunkt der Startschuss für meine allmähliche Gesundung und Selbstfindung. Vielleicht waren diese finsteren Stunden der Anfang, nun wirklich etwas Echtes und Neues zu beginnen.

Doch noch absolvierte ich ein weiteres Praktikum im administrativen Bereich. Dort stellte man mich für irgendwelche sinnlosen Arbeiten ab und träge und leere Stunden vergingen. Es brauchte noch genau dieses eine Erlebnis, bis ich endlich so weit war und die Wende in meinem Leben einläutete. Ein weiteres demütigendes Erlebnis, das mir offenbarte, wie sinnlos die verzweifelte Jobsuche war, nur um irgendwo unterzukommen. Endgültig wurde mir klar: Ich brauche etwas Substantielles und Sinnstiftendes in meinem Leben, etwas, das mir wirklich etwas gibt.

WIE GEHT EIN SELBSTBESTIMM-TES LEBEN?

In Filmschnulzen oder schlechten Romanen sieht und liest man immer wieder, wie Menschen aus einer Krise auftauchen – wie aus trübem Wasser – und plötzlich ist alles hell und klar. Das Leben fügt sich in die richtigen Bahnen. Von diesem Kurs wird sie nichts mehr abbringen, sie sind geläutert, haben ihre Fehler verstanden und es wird ihnen künftig kein Leid oder Missgeschick mehr passieren. Das Leben meint es ab sofort nur noch gut mit ihnen. So einfach und unkompliziert geht es aber leider nur in Märchen oder in zweitklassigen Romanen oder Hollywoodfilmen zu. Im echten Leben muss das zarte Pflänzchen der Einsicht und Genesung wachsen. Zur Heilung zählen Rückschläge, mühselige Aufstiege und neuerliche Abstürze. So erging es mir, aber ich machte mich auf den Weg, mein Leben von Grund auf zu ändern. Ich war ganz unten angekommen und hatte nur noch den einen dringenden Wunsch, dass es mir endlich besser ging, dass ich zu mir selbst finden würde und nicht mehr so rastlos getrieben durchs Leben irrte.

ALS ICH EINFACH LOSRANNTE

Zur Bestätigung meiner Aufbruchsstimmung lief ich kurz darauf einen Viertelmarathon. Es waren 10,5 Kilometer, die ich in einer Stunde und 17 Minuten schaffte. Eine gute Zeit und ein persönlicher Erfolg. Schließlich war ich völlig untrainiert und aufgrund meiner Essstörung in einer schlechten körperlichen Verfassung. Eigentlich ist es erstaunlich, dass ich die Strecke bewältigt habe. Für mich war dieser Lauf ein Zeichen dafür, dass in mir Kräfte schlummerten, die freigesetzt werden mussten. Und vor allem, dass ich zäh und so schnell nicht unterzukriegen bin. Ich musste eben einfach loslaufen, vor allem in die richtige Richtung.

ALS ICH MIT DEM RAUBBAU AUFHÖRTE UND MICH ZU WORT MELDETE

Mit dem Beginn eines neuen Jahres ging ich für eine sechswöchige Ausbildung zur Rezeptionistin nach Wien. Die Ausbildung habe ich abgeschlossen, aber viel wichtiger als das waren die Eindrücke, die ich – in der großen Stadt allein auf mich gestellt – gewonnen habe. Ich habe mich in eine Pension einquartiert, streifte durch die Stadt und beobachtete all die vielen Menschen, die sich durch die Straßen bewegten. Die Frauen, ob groß oder klein, ob dick oder dünn, ob elegant oder nachlässig gekleidet: Sie alle machten auf mich den Eindruck, akzeptiert zu sein – so wie sie sind. Und vor allem, dass sie sich selbst annehmen, dass sie sich nicht in Selbstzweifeln zermürben, dass sie nicht wie ich getrieben waren, ein

bestimmtes Aussehen zu haben, um geliebt und aner-
kannt zu werden. Ich sah sie in Gesellschaft mit anderen
Frauen oder Männern und hatte das Gefühl, sie quälten
sich nicht mit Selbstzweifeln herum. Es tröstete mich, all
diese Frauen zu beobachten und ich beschloss, mit der
Einnahme der Abführ- und Fettbindemittel aufzuhören.
Es war ein erster Schritt in dem unaufhörlichen körperlichen Raubbau, den ich betrieb, wenngleich der Weg
aus der Essstörung heraus hin zu einer Wertschätzung
meiner selbst noch lang sein würde.

Passend in diese Zeit des allmählichen Umbruchs stieß
ich auf eine brandneue Zeitschrift. Ich fühlte mich von
dem Thema „Real life – meine Krise im Leben" wie ma-
gisch angezogen. Die Zeitschrift ermunterte ihre Leserinnen und Leser, ihre persönlichen Geschichten an die
Redaktion zu schicken. Das war das erste Mal, dass ich
über mich schrieb. Ich sandte meinen kurzen Text an die
Redaktion und obwohl mein Beitrag leider nicht abgedruckt wurde, war ich sehr stolz über das in meinen Augen beherzte Vorgehen. Für mich zählte, dass ich in der
Lage war, mich selbst zum Thema zu machen und dabei
auch keine Öffentlichkeit scheute. Ich begann mehr und
mehr, mich auf konstruktive Weise mit meinem schwierigen Leben und meinen Krisen auseinanderzusetzen.
Und vor allem empfand ich keine Scham mehr wie in
den Jahren zuvor.

Bald darauf ist es mir doch noch gelungen, in der Zeitschrift abgedruckt zu werden. Gewissermaßen als Styling
eines Vorher-nachher-Beispiels. Zuvor hatte ich schwar-
ze Haare und anschließend blonde. Natürlich ging es

hier nur um Äußerlichkeiten, aber ich eröffnete mir mit dieser Publikation ein Feld, auf dem ich weiter aktiv sein wollte. Bevor ich jedoch den Weg des Publizierens konsequent umsetzte, versuchte ich nochmals eine Analyse für die Berufsfindung in Form einer Handschriftenanalyse. Im Prinzip ist das sehr interessant, aber in meiner Situation hat es nicht weitergeholfen. Die Analyse war vielmehr eine Bestätigung, dass mein Leben nicht über einen befriedigenden Job verlaufen würde. Eine erste Bilanz ergab, dass ich neben zahlreichen Praktika und Berufsfindungsanalysen insgesamt zehn Angestelltenverhältnisse hinter mich gebracht hatte, von eintägigen über mehrwöchigen bis hin zu mehrmonatigen. Aber niemals hatte ich einen Job für mehrere Jahre. Warum sollte das in Zukunft anders sein? Die Bilanz zeigte mir, dass ich einen anderen Weg einschlagen musste.

ALS ICH EINE WEITE REISE UNTERNAHM

Ich hoffte, in Indien Antworten auf meine vielen Fragen zu finden. Die Inspiration dazu hatte ich aus einem Reiseführer mit dem Titel „101 Reisen für die Seele". Meine Seele hungerte danach, Erlösung zu finden. Ich war empfänglich für alles, was Heilung, Trost und Aufbruch versprach. In dem Buch las ich erstmals über die geheimnisvollen Palmblattbibliotheken in Indien. Der Legende nach sollen Weise, Seher, Heilige – genannt Rishis – fähig gewesen sein, die Lebensläufe von mehreren Millionen Menschen schriftlich auf den getrockneten Blättern der Stechpalme festzuhalten. Jeder, der erfahren möchte, was das Schicksal für ihn bereithält, muss sich nach

Indien in eine der Palmblattbibliotheken zu den Nadi-Readings bemühen. Die Vorstellung, dass jeder Mensch einem Lebensplan folgt, ließ mich hoffen, dass mein bisheriges Unglück und mein Leiden somit einen Sinn haben mussten. Die Vorstellung, dass die Rishis all das aufgeschrieben haben und ich danach fragen konnte, versetzte mich in eine Euphorie. Vor allem hoffte ich, einen Ausblick in meine Zukunft werfen zu können. Ich wollte mein Leben ändern, aber mir fehlten konkrete Visionen für etwas Substantielles. Und nur nach etwas Echtem sehnte ich mich.

Ich plante die Indienreise unter der Leitung eines deutschen Reiseführers, der sich eingehend mit dem Phänomen der Palmblattbibliotheken beschäftigte. Die Perspektive, dass ich bald Zugang zu meiner persönlichen Lebens- und Leidensgeschichte erhalten und sich mein ganzer Lebenssinn offenbaren würde, versetzte mich in Hochstimmung. Ich war dabei ganz von dem Wunsch getrieben, konkrete Antworten auf meine dringenden Fragen zu finden: Wozu war ich auf der Welt, was ist meine Berufung, was ist mein Lebenssinn? Wochenlang fieberte ich auf diese Reise hin. Fünf Tage sollte der Aufenthalt dauern, fünf Tage, in die ich alles hineinprojizierte.

Doch was geschah? Die Tage mündeten in eine einzige Enttäuschung und ich stürzte in eine tiefe Verzweiflung. Der Nadi-Reader las die Texte aus der altindischen Sprache vor, die dann ins Englische übersetzt wurden. Mein Reiseleiter wiederum übersetzte für mich ins Deutsche. Der Nadi-Reader skizzierte nur vage meine künftigen beruflichen Stationen, bei denen immerhin klar war, dass es kein fixer Job sein würde. Er sagte zwischen dem 28. und dem 30. Lebensjahr die Möglichkeit für eine berufliche Ausbildung im Ausland voraus. Im Alter würde ich soziale Dienste übernehmen, noch eine Sprache erlernen, Bücher schreiben und später an einer Nervenkrankheit sterben. Immerhin – das Schreiben wurde erwähnt. Warum war ich so enttäuscht? War ich zu dem Zeitpunkt so bedürftig und naiv, dass ich einen ganz konkreten Zukunftsplan entworfen haben wollte? Was hatte ich erwartet? Der Gedanke, dass ich das Nadi-Reading als Inspiration hätte sehen sollen, ist mir in dem Moment nicht gekommen.

ALS ICH IN EINEM CAFÉ NACH MEINEM TALENT SUCHTE

Wieder zu Hause sah ich in meiner Verzweiflung eine alte Liste an, auf der ich einmal notiert hatte, was ich in meinem Leben noch tun wollte. Darauf stand unter anderem, dass ich zu einem Gespräch in ein Talentcafé nach Berlin reisen wollte. Völlig illusionslos und mit dem trostlosen Gefühl „Bringt ja eh alles nichts" flog ich noch in derselben Woche nach meiner Rückkehr aus Indien nach Berlin. Ich hatte nun alles ausprobiert, was konnte ich noch verlieren. Es war ein Coaching-Gespräch, bei dem innerhalb von zwei Stunden geklärt werden sollte, was die Ziele, Bedürfnisse und Wünsche im Leben sind und wo sich ein besonderes Talent für den Traumberuf verbergen könnte. Wir erarbeiteten mein Profil zu sehr verschiedenen Themen und irgendwann unterbrach ich das Gespräch, um auf der Toilette zu verschwinden. Und dort – so unromantisch das jetzt auch klingt – kam

mir ein Gedanke, der sich sofort fruchtbar in mir ein-
nistete und erstmals wirklich als Idee konkrete Formen
annahm. Ich wollte ein Buch schreiben, über mich und
über andere Frauen, die eine ähnliche Lebensgeschichte
hatten. Über Frauen, mit Brüchen im Leben. Ein Buch,
das mir selbst und den vielen Frauen, die mein Buch lesen würden, Mut machen und wertvolle Anregungen
geben sollte. Ich wollte die unterschiedlichsten Frauen
porträtieren. Das war meine Idee. Als ich zurückkehrte
und der Coaching-Dame von meiner Eingebung berich-
tete, war sie sichtbar erleichtert, dass ich von selbst auf
etwas Konkretes gestoßen war. Sie war überzeugt, dass
ich durchaus eine Inspiration für andere sein könne. Und
tatsächlich: Ich setzte die Idee um.

ALS ICH SELFPUBLISHERIN WURDE

Zunächst einmal galt es, an interessante Frauen heranzukommen, die bereit waren, mir ihre Geschichten zu erzählen. Hier erwies sich mein Faible für Frauenzeitschrif-
ten als vorteilhaft, denn ich zeigte keinerlei Hemmung,
sie für mein Vorhaben zu gewinnen. Mit der mir eigenen
Hartnäckigkeit überzeugte ich sowohl ein österreichi-
sches als auch ein deutsches Frauenmagazin für meinen
Aufruf. Bestens präpariert bin ich in das Projekt einge-
stiegen. Zum ersten Mal war ich zum richtigen Zeitpunkt
am richtigen Ort und die Sache nahm Fahrt auf. Es mel-
deten sich einige Frauen und schickten mir per E-Mail
ihre Geschichten. Über eine Frauengesprächsrunde kam
ich auch noch an weitere Geschichten heran. Es war eine
Wohltat, etwas Eigenes auf die Beine gestellt zu haben

und dafür eine positive Resonanz zu erhalten. Bei jedem Maileingang jubilierte ich. Vor allem war ich begeistert über die unterschiedlichen Lebenswege der Frauen, die mir bestätigten, dass Brüche, Neuanfänge und Scheitern keineswegs eine besondere Spezialität von mir alleine waren. Allein dass sich die Frauen mir anvertrauten, war mir persönliche Anerkennung und Wertschätzung, die mir lange nicht mehr entgegengebracht worden war. Ich stellte die Texte zusammen, schrieb ein einleitendes Vorwort und ließ die Frauen selbst zu Wort kommen. Unter dem Titel „Traumberuf gefunden – inspirierende Lebenswege von Frauen für Frauen" erschien mein erstes Buch unter dem Label Books on Demand. Es war ein sichtbares Zeichen dafür, dass ich mit einem langen und schmerzvollen Kapitel abgeschlossen hatte und mich auf den Weg zu einem erfüllten Leben machte.

Mein erstes Buch blieb keine Eintagsfliege. Gewissenhaft notierte ich, was in den vergangenen Jahren alles passiert war, und brachte Ordnung in das Chaos. Als das empfand ich mein bisheriges Leben tatsächlich: chaotisch und fremdbestimmt. Auf keinen Fall sollte es in diesem Stil weitergehen. Aber einfach nur einen Deckel draufzulegen und so zu tun, als sei das alles nicht geschehen, erschien mir nicht das probate Mittel für eine Neuausrichtung zu sein. Ich wollte aufarbeiten und alle Bruchstücke von mir akzeptieren, auch wenn es schmerzte. Ich wollte auch der Versuchung widerstehen, den ersten Teil meines Lebens als eine wenig geglückte Generalprobe zu betrachten. Nein, das Leben ist stets eine Uraufführung, Patzer lassen sich nicht ausradieren, sondern bilden zusammen mit allen Teilen ein Ganzes. In diesem Sinne machte ich mich an die Arbeit und sortierte einzelne

Puzzlesteine, die mich allmählich auf einen authentischeren Weg brachten. Ich veröffentlichte das Buch „Einfach anders! – Inspirierende Wege einer Lebenskünstlerin". Bin ich nicht genau das? Anders und unkonventionell. Ich passe in keine Schublade, meine Biografie gibt es sicher in dieser Achterbahnfahrt kein zweites Mal. Ich bin niemals angekommen in einem festen Job und doch immer wieder aufgestanden in einer unermüdlichen Suche nach meinem persönlichen Lebensstil. All diese Momente hielt ich in dem Buch fest, um zu dokumentieren, wie wichtig und befreiend es ist, neue Herausforderungen anzunehmen und daran zu wachsen. Auch um – auf meine Weise – die vielen wirren Bruchstücke mit einem roten Faden in einen Zusammenhang zu bringen. Denn mein Name lautet nicht von ungefähr Knapp. Ich neige zur Kürze und bringe die Dinge gern auf den Punkt, kurz und knapp eben. Eine ausgebildete Journalistin bin ich nicht, sondern eine Selfmade-Texterin.

ALS ICH EIN ZWEITES MAL NACH INDIEN REISTE

Manche Dinge entfalten erst nach einiger Zeit ihren Sinn und man erkennt erst später ihre Botschaften. So erging es mir nach meiner ersten Indienreise. Ich war darauf fixiert, einen ganz konkreten Fahrplan meines Lebens offeriert zu bekommen, sodass ich die geöffneten Türen nicht sehen konnte. In der Zwischenzeit war ich jedoch ruhiger und weniger sprunghaft geworden. Ich wachte nicht mehr mit dem immer gleichen Gedanken auf, mit dem ich abends wieder ins Bett ging: „Ich muss einen

Job finden, wie soll es nur weitergehen?" Dennoch war das Thema Arbeitslosigkeit präsent und ich wollte eine Haltung dazu entwickeln, die mich einerseits nicht mehr in die alte Mühle zurückwarf, andererseits aber offen in die Zukunft blicken ließ. Also reiste ich ein zweites Mal nach Indien, allerdings an einen anderen Ort. Ich hatte viel von der Palmblattbibliothek in Bangalore gehört. Dort ging es ganz besonders darum, die eigene Lebensaufgabe zu finden und die Nadi-Readings waren spezialisierter. Diese Reise erlebte ich als einen fruchtbaren Anstoß für tiefere Reflexionen. Erneut wurde deutlich, dass ein fester Job nicht mein Weg sein würde. Die Eindeutigkeit der Aussage löste diesmal keinen Frust aus, denn ich hatte akzeptiert und erkannt, dass ich tatsächlich meinen eigenen Weg finden musste. Mein Platz war nicht in einem Büro oder in einem fest umrissenen Arbeitsverhältnis. Meine Bestimmung wollte ich künftig in kreativen Projekten finden, die ich für mich und für andere umsetzte.

Die größte Erkenntnis nach dieser Reise war jedoch noch eine viel schlichtere und doch in ihrer Tragweite größere: Allein in meinem Dasein lag der tiefere Sinn meines Lebens. Ich war in meinem Leben aufgehoben und kann es annehmen, wie es ist. Ich muss nicht mehr darstellen, als ich bin. Meine Identität und Daseinsberechtigung hängt nicht an einem Job. Ich muss mich nicht bis zur Erschöpfung beweisen, muss mich nicht selbst optimieren, wenn mir das nicht gegeben ist. Die Reise und das Nachdenken über meine Lebensthemen verarbeitete ich in einem weiteren Buch mit dem Titel „Leben nach meinem Geschmack – Impulsgebende Beispiele in Zeiten von Arbeitslosigkeit und persönlichem Wandel".

Auch über das schwierigste Kapitel in meinem Leben, die Essstörung, ging ich nicht hinweg. Ich hatte die Kraft und den Halt in mir selbst, um darüber zu schreiben und anderen sogar einen Einblick in meine Probleme und Abgründe zu gewähren. Das Buch erschien unter dem Titel „Sie haben Post – Das Leben, ein paar Fragen und ich".

Meine Einstellung zum Leben hatte sich von Grund auf geändert. Von nun an brachte ich eigene Buchprojekte auf den Weg und versuchte Gelegenheiten, die sich mir boten, aufzugreifen. Natürlich war ich nun sehr auf mich zurückgeworfen, was nicht immer leicht auszuhalten war. Denn die Frage, wie ich mein Leben weiterentwickeln wollte, begleitete mich selbstverständlich immer noch, wenngleich ich wusste, dass ein fester Job nicht die Antwort darauf war.

Als ich fortan kreativ tätig war

Neben den größeren Buchprojekten hatte ich eine Vielzahl kleinerer Dinge auf den Weg gebracht, häufig natürlich Eintagsfliegen, die ich aber dennoch wertschätzen und als einen Bestandteil meines besseren Lebens für mich und für andere dokumentieren wollte. Ich fasste sie in dem Booklet „Eine Leserin meldet sich zu Wort" zusammen. Es war die Vielzahl meiner kleineren Schreibprojekte in Form von Leserbriefen, die ich zusammenstellte, um ihnen als Ganzes einen Sinn zu verleihen. Durch die Dokumentation in diesem Büchlein kann ich die einzelnen Kreativprojekte als ein Ankommen in meinem neuen Leben bewerten.

Es waren kleine Schriftstücke, die in sehr komprimierter Form das zum Ausdruck brachten, was ich hier in diesem Buch in langer Form ausführe: der mühsame Weg auf der Suche nach mir selbst. Ich suchte ganz bewusst die Öffentlichkeit, da ich überzeugt bin, dass viele Menschen mit Problemen ringen und diese Stimmen zu wenig Beachtung finden.

Als ich mir eine Stimme zulegte und zu singen anfing

Mein Wunsch, mich in vielfältigen kreativen Formen auszudrücken, führte nach anfänglichen – zaghaften und leider mitunter schlechten – Versuchen während meiner Schulzeit dann doch noch zu meinem ersten positiven Gesangsauftritt in einer gut gefüllten Bar. Ich sang, ganz meiner Gefühlslage entsprechend, den Song „Oh happy Day" und bekam dafür Applaus und Zuspruch. Natürlich war mir bewusst, dass ich jetzt nicht aus dem Stegreif eine Karriere als Sängerin starten würde, zumal ich wusste, wie schnell ich mich mit übereilten, öffentlichen Auftritten und Studioaufnahmen überfordert hatte, denen ich einfach noch nicht gewachsen war.

Das unerwartete Angebot einer Freundin, auf ihrer Hochzeit zu singen, schmeichelte mir, aber gleichsam schreckte ich vor der Herausforderung zurück. Noch immer fehlte mir nach dem jahrelangen Schlingerkurs das Zutrauen in mein Können. Im Vorfeld habe ich sogar ein paar Songs aufgenommen, um meiner Freundin zu signalisieren, dass ich wahrlich nicht die Richtige war, um vor ihren Gästen zu singen. Ich präsentierte ihr die

„CD", doch sie war keineswegs abgeschreckt und hielt an ihrem Wunsch fest. Für mich wurde der Auftritt zu einem längerfristigen Projekt, denn natürlich wollte ich einen sorgfältig geplanten und gelungenen Auftritt hinlegen. Zusammen mit einer Gesangslehrerin überlegte ich, wie ich es anstellen sollte, welche Lieder in Betracht kämen, ob mit oder ohne Klavierbegleitung, mit Mikrophon oder a cappella. Wir probten und probten, denn ich wollte authentisch, angemessen und stimmig für den Anlass rüberkommen. Schließlich war es so weit: Während der Zeremonie trat ich aus den Bankreihen hervor, stellte mich seitlich neben dem Altar auf und trug nur mit meiner eigenen Stimme, ohne Begleitung oder technische Verstärkung zwei Lieder vor. Für die Zuhörer mag ich einen lockeren Eindruck gemacht haben – mich kostete es erhebliche Selbstüberwindung. Der Applaus und der geglückte Auftritt waren Lohn und Balsam für meine Seele, die immer noch fragil und brüchig war.

Als ich mich vielfach zu Wort meldete

Das Schöne beim Bücherschreiben ist die konzentrierte Arbeit, die in der Stille und im Dialog mit sich selbst erfolgt. Doch am Ende dieses Prozesses steht ein greifbares Ergebnis, das seinen Weg in die Öffentlichkeit findet. Und hier eröffnen sich Möglichkeiten, menschliche Begegnungen, die einem widerfahren, die nur bedingt planbar sind und die – jeweils für sich betrachtet – wie kleine Türen erscheinen, die sich öffnen. So geschehen bei meinem ersten Buch: Eine vollkommen unerwartete Buchpräsentation meines Erstlingswerkes wartete auf mich. Erneut hatte ich einen schönen Anlass, auf den ich mich sorgfältig vorbereiten konnte. Natürlich war ich aufgeregt, aber mir glückte ein frei gehaltener Vortrag, der Anklang bei meinen interessierten Zuhörerinnen fand. Es ist eine völlig andere Erfahrung, öffentlich für seine eigenen Projekte einzustehen, denn die Verwundbarkeit ist ungleich höher, als wenn man schlichtweg in seinem Job einen Auftrag ausführt. Ich werfe meine eigene Persönlichkeit in den Ring und jegliches Feedback trifft mich als ganze Person.

Eine weitere Tür, die sich öffnete, war eine Einladung zu einem Radiointerview. Ich sprach über mich und wie ich zu dem Projekt mit den Porträts über Frauen gekommen war. Eine wunderbare Erfahrung, mit meinen persönlichen Herzensangelegenheiten wahrgenommen zu werden. Kann es eine schönere und sinnstiftendere Bestätigung geben? Es war befreiend, all diese Herausforderungen anzunehmen und daran persönlich zu wachsen.

ALS ICH MICH SCHREIBEND IN KLEINEN FORMEN ÜBTE

Weiterhin schrieb ich Beiträge für Zeitungen, die nicht immer das Licht der Öffentlichkeit erblickten. Wenn sie jedoch abgedruckt wurden, machte mich das sehr glücklich, wie zum Beispiel mein Kommentar zum Thema „Glücksmomente". Bei kleinen Beiträgen wird man von der Redaktion aber oftmals nicht informiert. Beim Durchblättern der nächsten Ausgabe war ich dafür überrascht und überglücklich, wenn ich meinen Beitrag entdeckte. In diesem Kommentar schrieb ich über meinen schönsten Glücksmoment: meine Buchveröffentlichung.

Ich hatte erfolgreich ein Herzensprojekt realisiert und mir damit einen Traum verwirklicht. Im Grunde genommen war mein Beitrag eine charmante Werbung für mein Buch, mit der Botschaft: Am Ende des Tunnels taucht immer ein Licht auf, man muss dranbleiben und dann wird es im Leben immer zu Veränderungen kommen.

In Zeitschriften wird viel über die Schönen und Erfolgreichen geschrieben, deren Leben wir beneiden sollen. Oder die hungrigen Leserinnen sollen sich mit einer Sensationsgier an Abstürzen von Stars berauschen. Seltener zu lesen sind hingegen authentische, offenherzige Beiträge von ganz normalen Menschen. Aber genau diese Botschaft möchte ich verkünden: Ich bin eine stinknormale Frau, die sich viele Jahre lang erfolglos durchs Leben quälte. Aber ich habe es aus eigener Kraft geschafft, mein Leben zu verbessern.

Eine weitere schöne Gelegenheit bot sich mir durch eine deutsche Zeitschrift. Regelmäßig forderte sie ihre Leserinnen auf, zu verschiedenen Themen Texte zu schreiben. Immer wieder sandte ich Beiträge ein, doch leider wurde nie einer veröffentlicht. Eines Tages jedoch bekam ich eine E-Mail mit der Einladung zu einem Schreibworkshop. Ich reiste nach Offenburg und konnte zum ersten Mal einen Einblick in die Redaktion einer Frauenzeitschrift gewinnen. Die Teilnehmerinnen erhielten eine Einführung in professionelle Schreibtechniken und bekamen die Aufgabe zu einem Gedankenspiel: „Was war der beste Fehler in meinem Leben". Der beste Text sollte prämiert und in der Zeitschrift abgedruckt werden. Fehler gab es zahlreiche in meinem Leben und das Thema berührte mich emotional sehr stark. Ich schrieb eine

Abrechnung über das Ende meiner Beziehung. Der Text war so impulsiv und emotional aufgewühlt, dass ich ihn niemals zur Veröffentlichung freigeben wollte. Er inspirierte mich jedoch zu einem Songtext, den ich an einem nebligen Novembertag schrieb und von einem Musikerfreund vertonen ließ. Um diesem Song einen professionellen Touch zu verleihen, ließ ich ihn von einer ausgebildeten Sängerin einsingen.

Ich bin der Typ, der Gelegenheiten sucht und findet. Soll ich etwa aus Angst, möglicherweise zu scheitern, die Flinte ins Korn werfen und kneifen? Kommt gar nicht in Frage. Ich habe Übung im Scheitern und jetzt ist es an der Zeit, mich im Bestehen zu üben.

Dazu hatte mich der indische Nadi-Reader ausdrücklich aufgerufen: „Mach mit bei allen Möglichkeiten, die sich dir im Leben bieten."

Und so bewarb ich mich neben der Einsendung von Beiträgen auch immer zu Wettbewerben oder reagierte auf Aufrufe von Zeitschriften. So auch bei einer deutschen Zeitschrift, die mir den 4. Platz bei einem Schreibwettbewerb verlieh. Aufgerufen war zu einer Idee, über die man gerne schreiben möchte. Ich skizzierte ein wenig meine Lebensgeschichte, beschrieb meinen Weg zum eigenen Schreiben und dass ich gern einen Blick hinter die Kulissen einer Zeitschriftenredaktion werfen möchte, um darüber eine Reportage zu schreiben. Obwohl es bis heute leider nie dazu gekommen ist, hätte ich – ohne meinen Mut – nie einen 4. Ehrenplatz belegt.

Und mal ehrlich, was wäre denn das Schlimmste gewesen, was hätte passieren können …

EIN KOFFER FÜR MEINE LETZTE REISE

D ie vielen Aktivitäten, auch wenn es häufig Eintagsfliegen blieben, sind die hellen Sonnenstrahlen, die durch meine dunklen Wolken dringen. Sie stärken mein Selbstwertgefühl, denn sie sind sinnstiftend und zeigen mir, dass ich etwas bewegen kann. Ganz aus mir selbst heraus. Die Bruchstücke meines Lebens fügen sich zu einem Mosaik zusammen und ergeben einen Sinn. Als Einzelstücke sind es Scherben, an denen ich mich schnitt, aber zusammengesetzt ergeben sie ein Muster, ein Ganzes, ein Bild.

Die einzelnen Wege in meinem Leben sind das Ziel. Für diese Erkenntnis habe ich Jahre gebraucht. Und heute finde ich Halt darin, mich in meinen Umbruchsituationen zu akzeptieren, denn genau das bin ich.

Mit Anfang 20 war ich getrieben von dem Wunsch, wie alle anderen einen klassischen Lebensweg einzuschlagen und in das typische Gesellschaftssystem zu passen. Dazu gehörten eine Ausbildung und ein angesehener Job als Basis, um ein vollwertiges Mitglied in der Gesellschaft zu sein. Diesem Wunsch habe ich alles untergeordnet und war getrieben davon, meinen Platz zu finden. Und dieser Platz, so meine Überzeugung, stand mir nur zu, wenn ich in einem festen Job tätig war. Also suchte ich danach und verdrängte dabei meine Persönlichkeit, meine tieferen Wünsche, meine charakterliche Veranlagung. Und vor allem verdrängte ich, dass ich beständig nach einem tieferen Sinn suchte. Bei meiner Suche ging es eigentlich immer schon um eine Berufung und weniger um irgendeinen Beruf. Doch zu der Erkenntnis konnte ich erst nach einem langen Leidensweg gelangen.

Mein Leben besteht bis heute aus einer Aneinanderreihung von kurzen Stationen und kleineren Stepps. Ich akzeptiere sie als einen Teil meines Lebens. Sie sind mein Leben. Ich erkenne einen Sinn in ihnen, denn all die Anfänge, Abbrüche und Neuanfänge machen meine Persönlichkeit aus. Ich entspreche nicht den üblichen Erwartungen, dass eine Ausbildung zu einem fest umrissenen Berufsbild führt, in dem man bleibt und sich weiterentwickelt. Das Unstete, das Beginnen und Verwerfen gehört zu mir, sie sind es, die meinen Lebensweg ausmachen.

Was ich hinterlassen möchte? Ermutigende Botschaften, ehrliche Botschaften für andere – für dich, meine Leserin, und für dich, meinen Leser dieses Buches.